序詩《じょし》

きらめくもの

草《くさ》についた朝露《あさつゆ》の水玉《みずたま》
午前八時《ごぜんはちじ》に開《ひら》いた薔薇《ばら》
みず色《いろ》の風《かぜ》に吹《ふ》かれてゆれる木《こ》の葉《は》
誰《だれ》もいない海《うみ》のさざ波《なみ》
たそがれの茜雲《あかねぐも》
真夜中《まよなか》　一瞬《いっしゅん》またたいた星《ほし》
あなたの澄《す》みきった　瞳《ひとみ》
いつも輝《かがや》いている君《きみ》
きらめいているものが好《す》き

I

たんぽぽの日《ひ》

たんぽぽの日《ひ》

おんなのこは　走《はし》っていく
もえはじめた　野原《のはら》に向《む》かって

たんぽぽのわたげを
手《て》にとった
ふうっ　ふっ
わたげを　ふいた

ふうっ　ふっ
わたげがとんでいく
みずいろの空《そら》にむかって

あたらしい時間《じかん》にむかって

おんなのこは
とんでいく夢《ゆめ》を
これからやってくる未来《みらい》を
むしんなまなざしでみつめている

おんなのこ
ここなちゃん　四《よん》さい
ほがらかな夢　あかるい未来が
やってきますように……

わたげをとばした日
きょうは　たんぽぽの日

胎児《たいじ》のように

モニターに映《うつ》し出《だ》された
胎児
ここは目《め》　ここは口《くち》　ここは手《て》と足《あし》
と　映し出す

生《う》まれたての赤子《あかご》を産湯《うぶゆ》にいれる
羊水《ようすい》と同《おな》じ温度《おんど》のぬるま湯《ゆ》にいれる
波《なみ》のような雨音《あまおと》のような音を聞《き》かせる
胎内《たいない》で聞いた母親《ははおや》の呼吸音《こきゅうおん》と同じだそうだ
泣《な》いていた赤子は泣きやむ
安堵《あんど》した顔《かお》になる

波の音や雨《あめ》の音が
不思議《ふしぎ》ななつかしさとやさしさに
満《み》ちているのは　きっとそのせい
波も雨も　わたしたちの母
わたしたち自身《じしん》が　波や雨

海《うみ》に行《い》こう
海に抱《だ》かれよう
わたしたちは胎児のように
素直《すなお》になる　無垢《むく》になる
そうして
ふたたび　生まれてくるだろう

ブランコ

ブランコをこぐ
力《ちから》いっぱいこぐ
足《あし》をよく伸《の》ばし
綱《つな》をよくにぎって
思《おも》いっきりこぐ

公園《こうえん》の柵《さく》をこえ
家《いえ》の屋根《やね》をこえ
そのむこう
あやめの花《はな》咲《さ》く山《やま》をこえ

まだ雪《ゆき》の残《のこ》っている
アルプスの山脈《やまなみ》をこえ
そのまたむこう
海《うみ》をこえ
遠《とお》い外国《がいこく》をこえ
そして
時間《じかん》と空間《くうかん》をこえ
ぼくの未来《みらい》
ぼくの夢《ゆめ》にとどくだろう

ぼくは
宇宙飛行士《うちゅうひこうし》になろう

母《はは》になる娘《むすめ》に

あなたにはじめてであった時《とき》
ああ　くまのプーさん　と思《おも》ったのです

プーさんのように　ぷくぷく
プーさんのように　やわらか

月日《つきひ》がたつと
プーさんは　かわいらしいおんなの子《こ》になって

また　月日がたったら
いつのまにか　真《ま》っ白《しろ》いウエディングドレス姿《すがた》
また　いくつか月日がすぎて
こんどは　あなたがプーさんにであうことになったのです
プーさんが　プーさんを産《う》むのです
おめでとう　プーさん

はじめてのことば

ベビーカーの中《なか》で
ゆうくんが声《こえ》をだした
パ　パ　パ　パ　パ
口《くち》をとがらせて
音《おと》をはじけさせている
金魚《きんぎょ》が　くうきをはきだしているように
こんどは
ブ　ブ　ブ　ブ
ベビーカーをおしているママが

パ　パ　パ　パ　パ
メロディーをつけて
ブ　ブ　ブ　ブ
リズムをつけて

生《う》まれたてのことば
かんそ　たんじゅん　めいりょう
そして　やさしい
パは　うれしい
ブは　たのしい
ゆうくんは　そう言《い》っているのだろう

これなぁーに？

おじいさんの部屋《へや》に入《はい》ってきた
三歳《さんさい》のおんなのこ
「これなぁーに？」

「はいざら」

「これなぁーに？」

「ギター」

「これなぁーに？」

「つりざお」

おばあさんの部屋にも入ってきて
つぎつぎに指《ゆび》をさす
「これなぁーに？」
「ひきだし」

「これなぁーに？」

「ネックレス。

どっちがほしい？」

「こっち」

つぎつぎに目《め》に入るものを指さして
「これなぁーに？」
三歳の女《おんな》の子《こ》の目《め》には
ふしぎがいっぱい

「これなぁーに？」の問《と》いばかりの
あどけないおんなのこは
さんごのネックレスをくびにかけて
そよ風《かぜ》のように帰《かえ》っていった

風景画《ふうけいが》

公園《こうえん》の午前十時《ごぜんじゅうじ》
花水木《はなみずき》の梢《こずえ》があわあわとしている
花《はな》びら色《いろ》したほっぺの赤《あか》ちゃんを
そおっと抱《だ》いたおかあさん
ブランコのまわりを子犬《こいぬ》のように
走《はし》りまわっている男《おとこ》の子《こ》
みつめているおかあさんはほほえんでいる
そこのところだけ
早《はや》めの花が開《ひら》いたようにあかるい

ずうっとむかし
わたしも女《おんな》の子を乳母車《うばぐるま》に乗《の》せて

男の子の手《て》をひいて
公園の春《はる》の中《なか》を歩《ある》いていたことがあった

思《おも》わず若《わか》いおかあさんに声《こえ》をかけた
赤ちゃんを抱っこさせてもらう
生《う》まれたてのふわふわしたやさしいもの
ほのかに甘《あま》い香《かお》り
やわらかな重《おも》み
ヒトというういきものは
こんなにうつくしいものを授《さず》かっていたのだ

若いおかあさんとともに
わたしもひととき若い母親《ははおや》になり
春という風景画になった

秋《あき》の幸福《こうふく》

澄《す》みわたった空《そら》の下《した》
おさない娘《むすめ》と手《て》をつないで歩《ある》いていた

「お空を歩きたいね　おかあさん」
ふいに娘がいう
「お空に階段《かいだん》をつけたらお空にあがれるね」
わたしは目《め》をつぶる
空に架《か》けられた虹《にじ》のような階段を昇《のぼ》っていく
娘とわたし

幸福という題《だい》の風景画《ふうけいが》のようだ
空の野原《のはら》には
どんな花《はな》が咲《さ》いているのかしら
りんどうやあざみ　まつむしそうが
きっと咲いているだろう

空があんなに青《あお》いのは
きっと　そのせい

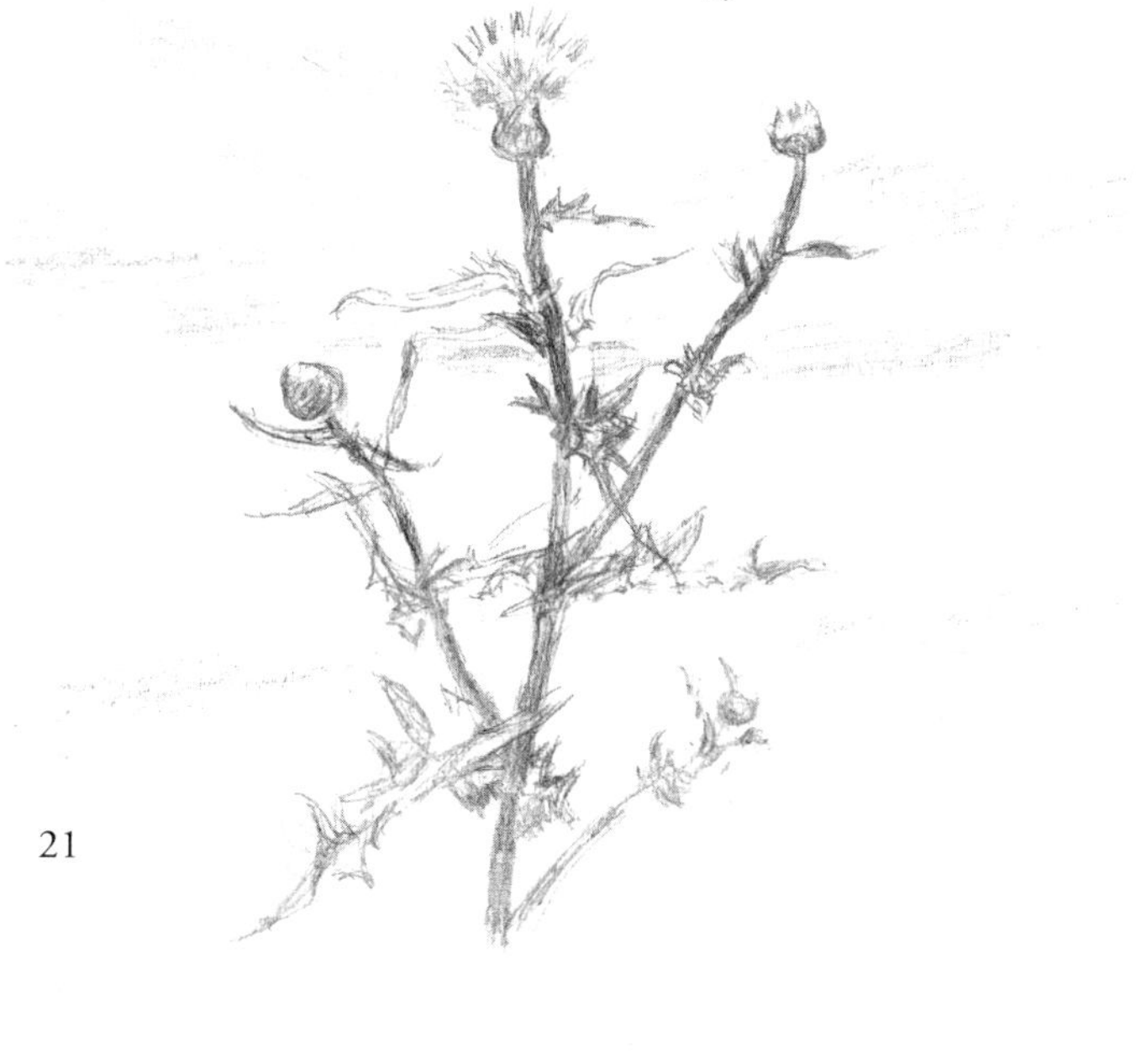

花《はな》のある食卓《しょくたく》

指《ゆび》をかざすと
朝《あさ》の光《ひかり》が指の間《あいだ》からこぼれて
紅茶《こうちゃ》とクロワッサン
キーウィフルーツの切《き》り口《くち》が
あざやかだ

家族四人《かぞくよにん》は
今日《きょう》のお天気《てんき》のこと
これからの予定《よてい》のこと
きのう読《よ》んだ本《ほん》のこと
なに気《げ》ないことを話《はな》して
昨夜見《さくやみ》た夢《ゆめ》のことなど話さない

ときどき黙《だま》って
沈黙《ちんもく》も会話《かいわ》のひとつ

時《とき》には
顔《かお》を見合《みあ》わせて笑《わら》い合う
テーブルの猫脚《ねこあし》のところにいる
猫《ねこ》も　ミアァと
ソプラノで笑《わら》っている

レースのカーテンが
そおっと　揺《ゆ》れて
花瓶《かびん》にさした薔薇《ばら》の花びらが
音《おと》もなく落《お》ちた
おだやかな朝のあかしのように

あやめの山《やま》

朝《あさ》の山に登《のぼ》った
あやめのお花畑《はなばたけ》
頂上《ちょうじょう》に咲《さ》いているから
空《そら》の中《なか》にも咲いているようだ
はるか下《した》には盆地《ぼんち》がみえる
うしろの山脈《さんみゃく》は南《みなみ》アルプス

いつのまにか
こんなに美《うつく》しいところまで登ってきた
わたしも山の上《うえ》に咲く

一輪《いちりん》の花になる
あかるい色《いろ》のやさしい花になる
ピースピース

小鳥《ことり》たちが歌《うた》っている
小鳥たちも
あかるくやさしい天使《てんし》のようだ
山も空もあやめ色に染《そ》められて
ここは天上《てんじょう》のお花畑

水無月《みなづき》

水無月の雨《あめ》が降《ふ》っている
ひらがなの文字《もじ》のように
やさしく　のびやかに
いろはにほへと……
あさきゆめみし……
昔《むかし》の小学生《しょうがくせい》の
朗読《ろうどく》のように
あどけなく　さわやかに
生《う》まれたての雨

ねずみ色《いろ》の空《そら》の奥《おく》から
わたしを呼《よ》ぶ声《こえ》がする
ひと昔まえ　空にかえった
父《ちち》の声のようだ

お父《とう》さん　天国《てんごく》でも
あなたの好《す》きな
かきつばたが
雨にぬれていますか

トトロの森《もり》で

よく晴《は》れた日曜日《にちようび》の朝《あさ》
森に行《い》った
細《ほそ》い道《みち》を歩《ある》いてくる男《おとこ》の人《ひと》がいた

あっ　トトロのおじいさん
すれちがう時《とき》
「おはようございます」と挨拶《あいさつ》した
「ああ　おはよう」とニコニコ顔《がお》のおじいさん
いたずらっ子《こ》の少年《しょうねん》のようだ

それだけで
ぱあっと明《あか》るく輝《かがや》いた森
クヌギやナラの葉《は》っぱもキラキラして
トトロの少女《しょうじょ》に変《か》わってしまった
銀色《ぎんいろ》の髪《かみ》のわたし

それから
幾年《いくねん》かすぎて
トトロの森ちかくの家《いえ》から
離《はな》れてしまったけれど
よく晴れた日曜日の朝になると

トトロの森を思《おも》い出《だ》すのです

少年のおじいさん
今《いま》もお元気《げんき》ですか?
夢《ゆめ》を追《お》っていますか?

Ⅱ

一本《いっぽん》の木《き》

一本《いっぽん》の木《き》

山《やま》の家《いえ》の
窓《まど》から見《み》える一本の木
すっきりと凛《りん》と立《た》つ一本の木

雨《あめ》が降《ふ》ると
きれいな形《かたち》の葉《は》っぱから
雨のしずくがこぼれる　涙《なみだ》のように

世《せ》界中《かいじゅう》の涙を

あつめて受《う》けとめたように
いっせいにこぼれ落《お》ちる　雨のしずく

悲《かな》しみに耐《た》えて
清《きよ》らかな涙をこぼす木
美《うつく》しい木　孤独《こどく》な木

その涙のひと粒《つぶ》を
手《て》のひらに　そっと受けとめたい

あなたの悲しみがやわらぐのだったら……

春《はる》の色《いろ》

うぐいすが谷間《たにま》をわたって
どこかに飛《と》んでいってしまった頃《ころ》
散歩道《さんぽみち》には
すみれの花《はな》のすみれ色
いぬふぐりの花の空《そら》の色
水仙《すいせん》のあかり色
だいこん草《そう》のうすむらさきの花
ゆすらうめの純白《じゅんぱく》の花
児童公園《じどうこうえん》のさくらはもう満開《まんかい》

あたりは
いちめん
春のひかりという色に
満《み》ちあふれている

春《はる》のはじまり

林《はやし》の太陽《たいよう》が当《あ》たっているところ
すみれが笑《わら》っている
生《は》え始《はじ》めた草《くさ》の上《うえ》
猫《ねこ》が座《すわ》っている
前足《まえあし》をきちんとそろえて
黙《もく》とうしている

あたりは物語《ものがたり》の始まりのように
静《しず》か
ふるさとの日光連山《にっこうれんざん》では

雪解《ゆきど》け水《みず》が流《なが》れているだろう
サルたちが餌《えさ》をさがしているだろう

もう　春

ふたたび　春
桜《さくら》が咲《さ》いて散《ち》るだろう
光《ひかり》があふれてまぶしいだろう

君《きみ》が　そこにいる
そこで　笑《わら》っている
だからこの世界《せかい》は美《うつく》しい

春のカーテンがあがった

日光《にっこう》

日光連山《れんざん》を仰《あお》ぎ見《み》る
右手《みぎて》に女峰山《にょほうさん》
左手《ひだりて》に男体山《なんたいさん》
その間《あいだ》の山間《やまあい》にある小《ちい》さな町《まち》
清滝町《きよたきまち》

小さなほこらのある清滝神社《じんじゃ》
静寂《せいじゃく》につつまれた杉木立《すぎこだち》
清《きよ》らかな滝《たき》がすべり落《お》ちている

木立《こだち》の根元《ねもと》で
春《はる》を待《ま》ってねむっている
ひとむれのすみれ
雪《ゆき》が降《ふ》った白《しろ》い日《ひ》に
わたしは生《う》まれた

いつか花《はな》咲《さ》く
すみれのように
つつましく
春の星座《せいざ》にあこがれつづけよう

おはよう

夜《よる》が明《あ》けた
カーテンをあけて
窓《まど》をあけて
微風《そよかぜ》をあけて

目《め》の前《まえ》で
山《やま》が笑《わら》っている
大《おお》きな櫛《くし》の形《かたち》　櫛形山《くしがたやま》
頂上《ちょうじょう》には
夜《よ》空色《ぞらいろ》のあやめが咲《さ》いているという
昇《のぼ》ったばかりの靄《もや》は

うすべに色《いろ》に光《ひか》っている
見《み》えないところに深《ふか》い谷《たに》があって
若葉色《わかばいろ》の水《みず》が流《なが》れているだろう
泉《いずみ》も湧《わ》いているのだろう

こころをあける
山に向《む》かって
見えない誰《だれ》かに向かって
挨拶《あいさつ》する
「おはよう」
狭《せま》い庭《にわ》の梅花《ばいか》うつぎが
「おはよう」
純白《じゅんぱく》に揺《ゆ》れていた

・櫛形山・山梨県南アルプス市にある。かつてはアヤメの山として知られていたが、シカの食害などで減っている。標高２０５２ｍ。日本二百名山のひとつ。

春《はる》の朝《あさ》

東《ひがし》の空《そら》が
ゆっくりめざめはじめると
しだれざくらのつぼみが
はずかしそうにひらきはじめる

急《きゅう》にあたりがあかるくなった
ほかの春の花《はな》たちも
いっせいにひらきはじめて
天国《てんごく》の花園《はなぞの》のようにあかるい

だれかの見《み》ている夢《ゆめ》よりも
もっと　あかるくなる

「おはよ！」
と　ちいちゃな男《おとこ》の子《こ》
さくらの木《き》のしたを
走《はし》りぬけていった
男の子が春だったのかもしれない

春《はる》うらら

陽《ひ》はうらら
この世《よ》は　いま春
桜《さくら》の花《はな》びらがフーガのように散《ち》って
鳩《はと》は音符《おんぷ》のような足跡《あしあと》をのこして
歩《ある》きまわり
子供《こども》たちは　ファソラシドと坂《さか》を
駆《か》けあがる

花びらと雪《ゆき》の降《ふ》る速度《そくど》は同《おな》じ　と

気象予報士《きしょうよほうし》が言《い》っていた
鳥《とり》は魂《たましい》の形《かたち》とは
誰《だれ》が言っていたのか忘《わす》れてしまったけれど
あの鳩は
天国《てんごく》のお父《とう》さんだったのかもしれない

公園《こうえん》のうららかな春の中《なか》
ベンチに座《すわ》って少《すこ》し休憩《きゅうけい》しよう
楽譜《がくふ》にも　休止符《きゅうしふ》があるのだから……

春《はる》の音符《おんぷ》♪

雪《ゆき》どけ道《みち》を歩《ある》いていた
どこからか
かすかに音《おと》が聞《き》こえる
サッ　サッ　サッ　……
ラッ　ラッ　ラッ　……
ルッ　ルッ　ルッ　……
雪《ゆき》の精《せい》がきえていく音？
それとも　春の女神《めがみ》の足音《あしおと》？

それとも　君《きみ》が会《あ》いにきた？
春の音符たちが
踊《おど》りはじめたようだ

種《たね》をまく

今年《ことし》も春《はる》がやってきました
春になったから
やわらかい土《つち》のうえに
いろいろの花《はな》の種をまきます

種からうすみどり色《いろ》の芽《め》がでて
茎《くき》がのび　それから小指《こゆび》の爪《つめ》のようなつぼみがでます
つぼみがすこしずつふくらんで
太陽《たいよう》が昇《のぼ》ると花がひらきます

やさしいピンク色
きよらかな白《しろ》い色
ほがらかな黄《き》色
いろいろの形《かたち》をした花が咲《さ》きます

むかしのこと
〈夢《ゆめ》〉という名前《なまえ》の種をまきました
わたしのちいさな心《こころ》の庭《にわ》にまきました
〈夢〉という名前の花は
いま　心の庭でひらきはじめています
キラキラひかる星《ほし》のような花です

さくら

さくら　ちる　ちる　ちる
川面《かわも》に　ちる　ちる　ちる
わたしのこころに　ちる　ちる　ちる
はなびらは　ひかりのさざなみ
たくさんの　なぞなぞ
たくさんの　フィナーレ

さくらのはなびらが問《と》いかける
あなたは　だあれ？

なぜ　歩《ある》いているの？
なぜ　生《い》きているの？
わたしは答《こた》えられない
すべては
春《はる》の日《ひ》のきれいな夢《ゆめ》だから……

風《かぜ》の森《もり》

みどりの飛沫《ひまつ》が
舞《ま》い上《あ》がる
いつも
風が吹《ふ》いているから

風はどこからやってきたのか
あの世《よ》から
それとも宇宙《うちゅう》の果《は》て
宇宙の生《う》まれたところは

どこだろう
そこはまだ大昔《おおむかし》？
それとも永遠《えいえん》の先《さき》？

風に吹かれて
このまま
どこかに行《い》ってみたい
そこはどこでもいいのだけれど……

きょうは　春《はる》だから
女神《めがみ》のシャワーが降《ふ》っているという
ロンドンなどに行ってみたい

六月《ろくがつ》の絵本《えほん》

風《かぜ》がカーブを描《えが》いてとおりすぎ
白《しろ》い花《はな》の木《き》には星々《ほしぼし》が降《ふ》ってきたようだ
自転車《じてんしゃ》に乗《の》ったわたしは
風の一部分《いちぶぶん》

林《はやし》をぬけて
角《かど》をまがると住宅地《じゅうたくち》
三輪車《さんりんしゃ》に乗《の》った四歳《よんさい》ぐらいの男《おとこ》の子《こ》
「おはよう」

見《み》知《し》らぬわたしに
得《とく》意《い》げにあいさつする

夕《ゆう》日《ひ》が沈《しず》もうとしているのに
でも　男の子にとって
太陽《たいよう》はしずまない
一日中《いちにちじゅう》が朝《あさ》だ

☆

雨《あめ》の音《おと》がする
風の音がする

さらさらと雨の音
さわさわと風の音

さ行《ぎょう》はさわやか
さ行はしずか
さ行はさびしい
さ行はしめやか

五月《ごがつ》の音は
地球《ちきゅう》の音　宇宙《うちゅう》の音

☆

雨上《あ》がり
水《みず》たまりの水を
小鳥《ことり》がのんでいた
聖水《せいすい》をいただくように
水たまりには永遠《えいえん》が映《うつ》っていた
わたしが
大切《たいせつ》な手紙《てがみ》を出《だ》しにいくときに

雨《あめ》が降《ふ》ってきた

ぽつぽつぽつ
なつかしい雨音《あまおと》
何日《なんにち》ぶりだろう
雨音が帰《かえ》ってきたのは

「いいお天気《てんき》ですね」
雨が降るとそう挨拶《あいさつ》する
国《くに》があるそうな
雨の少《すく》ないところでは

雨はよい天気

晴《は》れの日《ひ》も雨の日も
よい天気
天《てん》からの優《やさ》しい贈《おく》り物《もの》
ライオンもアリも
木々《きぎ》も花《はな》もわたしたちも
時々《ときどき》　顔《かお》をあげて
空《そら》を　仰《あお》ぐ

ほたる

雨上《あめあ》がりの夜《よる》の川《かわ》
くらやみに小《ちい》さな火《ひ》が
点々《てんてん》とゆれている
あれは　ほたる
あの世《よ》からこの世へ
伝言《でんごん》のように
あかるくなったりくらくなったりしている
源氏《げんじ》ぼたる……

式部《しきぶ》ぼたる……
賢治《けんじ》ぼたる……
ゲーテぼたる……
ロルカぼたる……
ショパンぼたる……
……ぼたる……

伝説《でんせつ》となった
なつかしいやさしいひとたちが
ひととき会《あ》いにきてくれたようだ

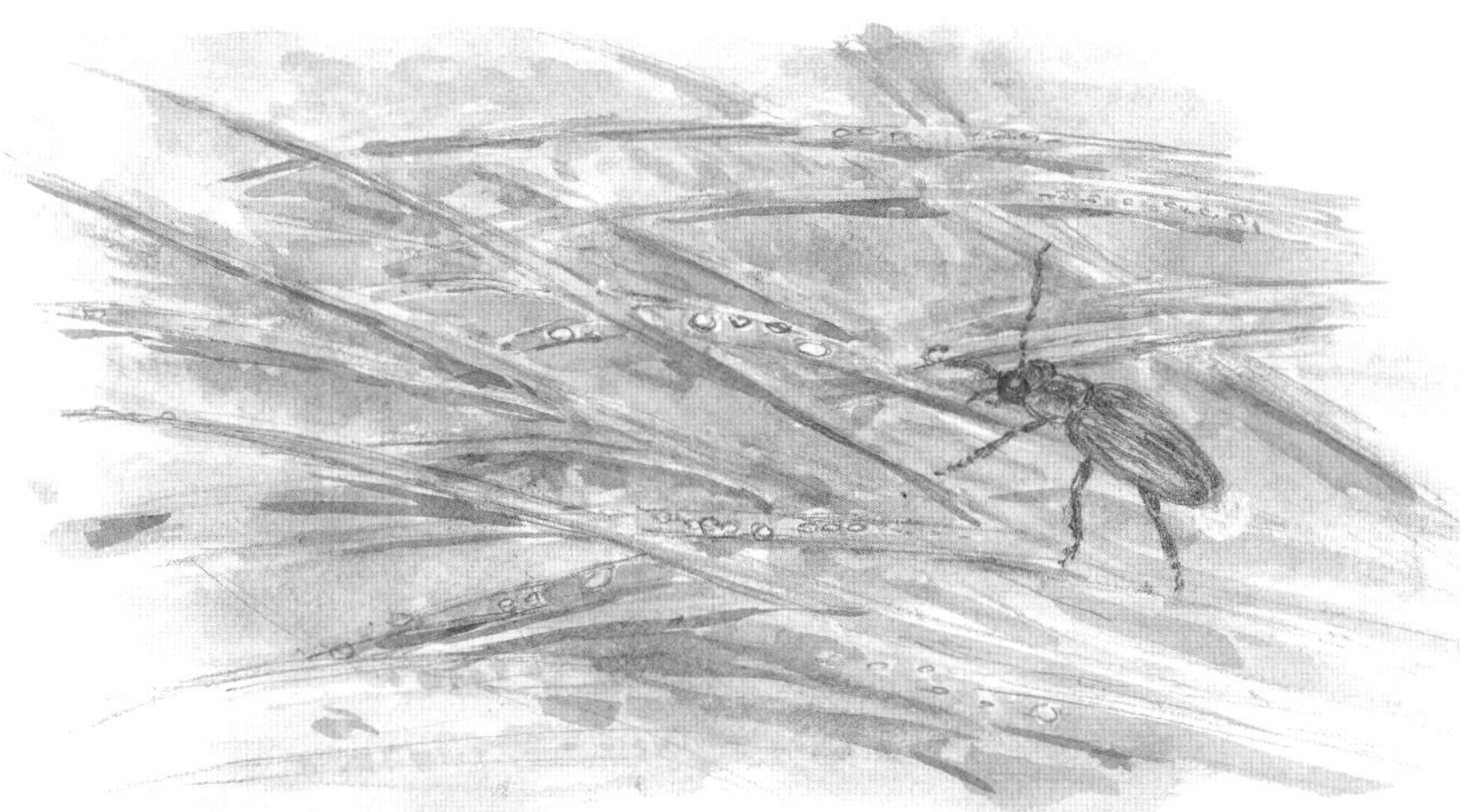

言葉《ことば》は不思議《ふしぎ》

言葉は不思議

たとえば
夏《なつ》　とつぶやくと
青《あお》い水平線《すいへいせん》　白《しろ》い波《なみ》　光《ひか》る砂浜《すなはま》
流《なが》れついた巻貝《まきがい》　赤《あか》いちいさな蟹《かに》
灯台《とうだい》　ひまわり　さるすべり
浴衣《ゆかた》　蚊取《かと》り線香《せんこう》　朝顔模様《あさがおもよう》のうちわ
花火《はなび》　流《なが》れ星《ぼし》　父《とう》さん　母《かあ》さん

遠《とお》い昔《むかし》のふるさと
なつかしい形《かたち》や色彩《しきさい》や匂《にお》いが
あらわれてきて
幸福《こうふく》な真昼《まひる》の昼さがりになる
言葉によって……

知《し》っていること

人間《にんげん》は
考《かんが》えることを知っている
言葉《ことば》を知っている
喜《よろこ》びを分《わ》け合《あ》うことができる
ほほえみあうことができる
目《め》に見《み》えないものを感《かん》じることができる
たとえば　愛《あい》

蛙《かえる》は動《うご》いているものだけがわかるそうだ
動いていないものは無《な》いことと同《おな》じ

ゲラを先読みした 読者の方々から

「本のたんじょうに たちあおう」

~ 好きな作品と感じたこと ~

詩「ブランコ」

ブランコに乗って思いっきりこいでいく様子が、自分の夢や未来に
かって突き進むことを表現しているところが大好きです。
向きに頑張ろう！と思えました。

詩「母になる娘に」

読んでいて素直にほっこりしました。
親になると、こんな気持ちになるのかなぁとしみじみと感じました。

上記は寄せられた感想の一部です※

ジュニアポエムシリーズNo.265
尾崎昭代 詩集
『たんぽぽの日』
銀の鈴社刊

石《いし》や空《そら》や虹《にじ》は
蛙にとって存在《そんざい》しない

謎《なぞ》や　不思議《ふしぎ》や　秘密《ひみつ》の
切《き》れ端《はし》がたくさん詰《つ》まっている
薬玉《くすだま》のような地球《ちきゅう》では
見えるから幸《しあわ》せ　とは言《い》えず
見えないから幸せ　ということもあって

わたしの知っていること
見えていることは少《すく》ないが
君《きみ》の笑顔《えがお》を知っている

今朝《けさ》の空《そら》

洗《あら》いたての青《あお》いシャツのように
清潔《せいけつ》な朝《あさ》の空

このような朝には
きのうのつらかったこと
おとといのかなしかったこと
一年前《いちねんまえ》のくるしかったことなど
空のどこかに
解《と》き放《はな》って消《け》してしまおう

深呼吸《しんこきゅう》などひとつして
今日《きょう》の予定《よてい》のことを考《かんが》え
あした友達《ともだち》に会《あ》う約束《やくそく》をして
夏休《なつやす》みの計画《けいかく》など立《た》て
未来《みらい》の夢《ゆめ》の設計図《せっけいず》を
空のキャンバスに思《おも》うぞんぶん描《えが》いてみよう

テーブルにおかれた
青いりんごが明《あか》るく笑《わら》っています

朝顔《あさがお》がひらいた

けさ　朝顔がひらいた
ひとつ　ふたつ　……　ななつ
いつか見《み》た夢《ゆめ》のように
あかるく　たのしい　笑顔《えがお》の花《はな》

真昼《まひる》　太陽《たいよう》が熱《あつ》すぎて
朝顔はうなだれてしまった
あした　また　元気《げんき》になってひらくだろう
ふたたび　朝はやってくるから

これからも
いくつの花がひらくだろう
いくつの夏《なつ》がやってくるだろう
いくつの夢《ゆめ》を見ることができるだろう

野原《のはら》で

ランプのかたちをした
ニッコウキスゲが
オレンジいろの灯《ひ》をともしはじめた

まいごのトンボがやってきた
「あなたは　どこからきたの？」

「あっちから……」

「あっちって　どっち？」

「あっちからだよ……」

トンボが言《い》った
「ぼく　家《いえ》がわからない……」
キスゲがほほえんだ
「こんやはここでおやすみなさい」

ランプの灯が
あかるくまたたいた
トンボの羽《はね》もあかるくひかった

羊雲《ひつじぐも》の散歩《さんぽ》

羊が
あかね色《いろ》の空《そら》をお散歩している
六匹《ろっぴき》か八匹《はちひき》くらい

地上《ちじょう》の道《みち》を
二《に》匹のワンちゃんと
おじいさんがお散歩している

道ばたの水引草《みずひきそう》が
細《こま》かいお豆《まめ》のように咲《さ》いている

森《もり》でお祭《まつ》りがあるのかもしれない
羊が遊《あそ》んでいる空のかなた
砂塵《さじん》の舞《ま》う遠《とお》い町《まち》で
また　戦争《せんそう》がはじまった

つぶらな瞳《ひとみ》をもった
十歳《じっさい》ぐらいの少年《しょうねん》がつぶやいた
「ぼくは戦争しかしらない……」

水引草の咲く道が届《とど》きますように
羊のお散歩が少年に見《み》えますように

からすうり

森《もり》の原《はら》っぱに
二《ふた》つ　三《みっ》つ
七《なな》つ　八《や》つ
灯《とも》し火《び》がともる

お祭《まつ》りの
豆電球《まめでんきゅう》のように
なつかしくともる

北《きた》へ帰《かえ》る鳥《とり》や
おぼつかない羽《は》ばたきの
蝶々《ちょうちょ》や
ちいさなこどもたちの
目印《めじるし》になって
あかるく
ひかっている
夕日色《ゆうひいろ》に
ひかっている

月《つき》の舟《ふね》

お風呂《ふろ》に入《はい》っていると
一艘《いっそう》の小舟《こぶね》に乗《の》って
温《あたた》かい海《うみ》をただよっているような

はるかむかしもただよっていた
生《う》まれてくる前《まえ》も
このようにやさしいものにくるまれていたような

いつか　ふたたび

三日月《みかづき》の舟にのって
空《そら》にかえっていくだろう

ほら　今夜《こんや》も
空の海を月の舟がわたっていくよ
星《ほし》の砂《すな》がひかっているよ

風《かぜ》の馬《うま》

―日光《にっこう》・小田代《おだしろ》が原《はら》―

陽《ひ》が昇《のぼ》る
からまつ林《ばやし》の梢《こずえ》から
順番《じゅんばん》にひかりはじめる
生誕《せいたん》の清《きよ》らかな儀式《ぎしき》のように
死《し》の前《まえ》のおごそかな輝《かがや》きのように

その時《とき》
野原《のはら》のくさむらが騒《さわ》ぎはじめて
風の馬が走《はし》ってきた
風は透明《とうめい》な馬に乗《の》ってやってくる
風は　あの世《よ》からこの世に吹《ふ》いてくるという

そして　この世からあの世へと

ここはふるさと
わたしは　ついさっき
風の馬に乗ってからまつ林を駆《か》けてきた

いくつかの春《はる》がすぎると
また新《あたら》しい風が吹いてきて
もも色《いろ》の頬《ほほ》をした若駒《わかこま》が
林《はやし》の向《む》こうから走ってくるだろう

陽が高《たか》くなると
風がやんで
馬のたてがみだけがきらきらしていた

林《はやし》を歩《ある》く

武蔵野《むさしの》の林を歩く
梢《こずえ》あたりが騒《さわ》いでいる
さわさわ　潮騒《しおさい》のような音《おと》

昔々《むかしむかし》
ヒトが生《う》まれていない頃《ころ》
ここは　海《うみ》だった

秩父《ちちぶ》の山《やま》では
海を泳《およ》いでいた魚《さかな》や恐竜《きょうりゅう》の化石《かせき》が
見《み》つかったそうだ　サンゴの首飾《くびかざ》りも
ここの林のあたりでは

きっとサンゴ礁《しょう》があって
銀色《ぎんいろ》のうろこの魚や透明《とうめい》なクラゲたちが
泳ぎ回《まわ》っていたのかもしれない

このきれいな林も
いつか朽《く》ち果《は》てるだろう
幾千《いくせん》幾万年《まんねん》か　月《つき》と太陽《たいよう》が昇《のぼ》って沈《しず》んで
そうしたら　わたしたちの骨《ほね》や
木《き》や昆虫《こんちゅう》などの化石がみつかるかもしれない

そのあと　ここは　再《ふたた》び　青《あお》い海
青い地球《ちきゅう》
青い宇宙《うちゅう》
青い混沌《こんとん》

橋《はし》をわたる

こちらの村《むら》から
あちらの村へ
橋をわたる

ままごと屋《や》から
寒山寺《かんざんじ》へ
橋をわたる

夏《なつ》から
秋《あき》へ
風《かぜ》が橋をわたる

空《そら》から海《うみ》へ
海から空へ
虹《にじ》の橋がかかる

見《み》えない君《きみ》の心《こころ》にも
見えない橋をかける
言《こと》の葉《は》という橋をかける

蝶々《ちょうちょ》が
ゆうゆうと向《む》こう岸《ぎし》に飛《と》んだ
橋を考《かんが》えたのは
蝶々かしら？

メルヘン

山《やま》の上《うえ》に
ちいさな湖《みずうみ》がありました
ちいさなちいさな魚《さかな》が一《いっ》ぴき
泳《およ》ぎ方《かた》もわからずさまよっていました
ある日《ひ》
光《ひか》るうろこと
青《あお》い瞳《ひとみ》の
きれいな大人《おとな》の魚がやってきて
泳ぎ方や
もっとひろい湖のこと
生《い》きていくということ

ほほえみのしかたなど
いろいろ教《おし》えてくれました

時《とき》が流《なが》れて
ちいさな魚が大人の魚になった頃《ころ》
きれいな魚は見《み》えなくなりました
何回《なんかい》も何年《なんねん》も
時は流れたのですが
きれいな魚はもういません

透《す》き通《とお》った夜空《よぞら》に
青い魚のかたちの
星座《せいざ》がまたたいていることがあります

猫語《ねこご》

いつでも　どこにいても
うれしい時《とき》も　さびしい時も
おまえは　ミャア
甘《あま》える時も　すねる時も
おまえは　ミャア

チェコの猫も　イギリスの猫も
ミャア　と鳴《な》いて
あいさつしているかしら?
でも　ほんとうは

猫の国《くに》の　猫の言葉《ことば》で
きちんと話《はな》しているのかもしれない

かなしいこと
わたしたちニンゲンの耳《みみ》には
ミャア　とだけ
ひとつの発語《はつご》に　千《せん》の意味《いみ》があるのかも
猫語は
摩訶不思議《まかふしぎ》の宇宙語《うちゅうご》

月《つき》へ行《い》っても
ミャア　かしら？

木《こ》の葉《は》

葉っぱたちが
踊《おど》りながら　散《ち》っている
ひとひら　ふたひら　みひら　……

葉っぱは
木《き》の言葉《ことば》かもしれない
ひとこと　ふたこと　みこと　……
なにをしゃべっているの

きれいな散らし方？
この星《ほし》の温暖化《おんだんか》のこと？

それとも
この世《よ》の幸福《こうふく》と不幸《ふこう》のこと？
ニンゲンたちの涙《なみだ》の理由《りゆう》？

木がすっかり葉を落《お》として
黙《だま》ってしまうと
もう　冬《ふゆ》

冬《ふゆ》の星座《せいざ》

葉《は》っぱをすっかり落《お》としてしまった
梢《こずえ》の先《さき》に
オリオン座《ざ》がひかっている
何万年《なんまんねん》　何億《おく》年前《まえ》のひかりが
いま　目《め》に届《とど》いている
星々《ほしぼし》の　美《うつく》しい伝言《でんごん》だ

この無限空間《むげんくうかん》には
数《かぞ》えきれないほどの星々が

またたいているのだ
ふたご座　おとめ座　みずがめ座……
わたしのこころの銀河《ぎんが》にも
無数《むすう》の星が散《ち》らばっている
よろこび座　かなしみ座　ゆめ座……
誰《だれ》かに　ひかりが届《とど》きますように

初春《はつはる》

初春の空《そら》を飛《と》ぶ
ふわふわの雲《くも》が下《した》に見《み》えて
そのはるか下　海《うみ》がかすんでいる
時間《じかん》がとまっているような感《かん》じ

そう
時間は過《す》ぎていくのでも
流れているものでもない
人《ひと》が時間の中《なか》を通《とお》り過《す》ぎていく

むかし　詩人《しじん》がそう書《か》いていた
動物《どうぶつ》も植物《しょくぶつ》も
地上《ちじょう》に存在《そんざい》するものたち
喜《よろこ》びも悲《かな》しみも
無限《むげん》の宇宙空間《うちゅうくうかん》では
夢《ゆめ》のようにはかない

すべては通り過ぎていくのだから
このひとときを大切《たいせつ》に
新《あたら》しい年《とし》を祝福《しゅくふく》しましょう

あとがき

山のあなたの空遠く
「幸《さいわい》」住むと人のいう。
ああ、われひとと尋《と》めゆきて、
涙さしぐみ、かえりきぬ。
山のあなたになお遠く
「幸《さいわい》」住むと人のいう。

私が中学生の時、初めて読んだ詩が上田敏訳の「山のあなた」でした。そして「海潮音」という訳詩集を読んでみたのです。難しい詩もあったのですが、言葉の美しさに感動したことが、詩という森の小路を歩き始めるきっかけになったのです。

子供時代は自然の美しい日光に住んでいました。山のあなた（かなた）に憧れ続け、好きな詩を読み、思いつくままに詩を書き続けてきました。

ある時、ふいに子供たちの為の詩集を作りたいと思い立ち編んだのが、今度の詩集「たんぽぽの日」です。

子供たちの大好きなアニメ「となりのトトロ」の舞台となった埼玉県所沢で、宮崎駿さんが『子供たちに〝励まし〟となる映画を作りたい。自分の子供時代に見たかったもの、あるいは自分の子供が見たがっているもの、その時何が欲しかったか、というものを作りたい。

それが作れたら、ほんとうにいいなと、思っているわけです。』と仰っていたことが、心の森の小鳥のさえずりのように響いていたのです。

ひとりでも多くの子供達に詩が届いたら、どんなに嬉しいことでしょう。山のあなたには、やはり「幸」（さいわい）が住んでいると思うのです。

この詩集は、主に子供から大人までが書き手のユニークな詩誌「こだま」からと、産経新聞「朝の詩」に掲載されたもの、同人誌「ミルキーウェイ」「旋律」などからのものです。「こだま」編集者の保坂登志子様には、助言などいろいろお世話になりました。ありがとうございました。

私にとっての「幸」、そして夢を叶えることを助けて下さった出版社の柴崎俊子様、西野真由美様、今まで出会ったたくさんの詩人の皆様、詩の仲間たち、友人たちに心からの感謝を捧げます。

拙詩に目をとめて作曲してくださいました故・三善晃様、英国でご活躍の唐木亮輔様、そして中野順子様はじめ他の作曲家の皆様にも厚く御礼申し上げます。

また、全体のイメージを明るくやさしく彩って下さった中辻アヤ子さま、36頁の「春のはじまり」の猫は、中村令子さまの友情参加、どうもありがとうございました。

二〇一六年十二月　星降る夜に

尾崎昭代

著者紹介

詩・尾崎昭代

栃木県日光市生まれ　東洋大学文学部中退
詩集「海とつぶやくと」「やさしい朝」「猫の日曜日」「水無月の水」「レクイエムの蝶」
詩画集「風の椅子（絵・味戸ケイコ）」「ねえ猫（絵・玉野モニカ）」
童話集「少女のレッスン」「風猫サラン」
詩　産経新聞『朝の詩』月間賞・年間賞受賞（1993年）
詩　第10回国民文化祭栃木県知事賞受賞（1995年）
詩　第15回波の会日本歌曲振興会優秀賞受賞（2005年）
童話　第14回アンデルセンメルヘン大賞優秀賞（1996年）。
童話　第５回　国民文化祭大分県「おはなしコンクール」入賞（2000年）
詩誌「アリゼ（以倉紘平・代表）」　同人詩誌「こだま（保坂登志子・代表）」会員
山梨県南アルプス市在住

絵・中辻アヤ子

1949年　埼玉県川越市生まれ　洋画家　大調和会所属
個展・８回　グループ展・43回
大調和展（大調和賞・武者小路賞　受賞）
山梨美術協会展（須藤賞・山梨日日新聞社賞　受賞）
山梨県南アルプス市在住

NDC911
神奈川　銀の鈴社　2017
96頁　21cm（たんぽぽの日）

ジュニアポエムシリーズ　265

2017年3月3日発行
本体1,600円＋税

たんぽぽの日

著　者　詩・尾崎昭代©　絵・中辻アヤ子©
発行者　柴崎聡・西野真由美
編集発行　㈱銀の鈴社 TEL 0467-61-1930　FAX 0467-61-1931
〒248-0005　神奈川県鎌倉市雪ノ下3-8-33
http://www.ginsuzu.com
E-mail　info@ginsuzu.com

ISBN978－4－87786－284－8　C8092
落丁・乱丁本はお取り替え致します

印刷　電算印刷
製本　渋谷文泉閣

…ジュニアポエムシリーズ…

No.	著者	書名	印
1	鈴木敏史詩集・宮下琢郎・絵	星の美しい村	★☆
2	小池知子詩集・高志孝子・絵	おにわいっぱいぼくのなまえ	★☆
3	鶴岡千代子詩集・武田淑子・絵	白い虹	新人賞 児文芸
4	楠木しげお詩集・久保雅勇・絵	カワウソの帽子	
5	津坂治男詩集・垣内美穂・絵	大きくなったら	★◇
6	後藤れい子詩集・山本まつ子・絵	あくたれぼうずのかぞえうた	
7	北村蔦子詩集・柿本幸造・絵	あかちんらくがき	
8	吉田瑞穂詩集・吉田翠・絵	しおまねきと少年	★⟐◎
9	新川和江詩集・葉祥明・絵	野のまつり	★☆
10	阪田寛夫詩集・織茂恭子・絵	夕方のにおい	★◈○☆
11	高田敏子詩集・若山憲・絵	枯れ葉と星	★☆
12	原田直友詩集・吉田翠・絵	スイッチョの歌	★◎
13	小林純一詩集・久保雅勇・絵	茂作じいさん	★◉●☆◎
14	長谷川俊太郎詩集・長新太・絵	地球へのピクニック	★◎
15	与田準一詩集・深沢省三・深沢紅子・絵	ゆめみることば	★
16	岸田衿子詩集・中谷千代子・絵	だれもいそがない村	
17	江間章子詩集・榊原直美・絵	水と風	◇◎
18	原田直友詩集・小野まり・絵	虹—村の風景—	★
19	福田正夫詩集・福田達夫・絵	星の輝く海	★☆
20	草野心平詩集・長野ヒデ子・絵	げんげと蛙	★☆○◇
21	宮田滋子詩集・青木まさる・絵	手紙のおうち	☆○
22	久保田昭三詩集・斎藤彬子・絵	のはらでさきたい	
23	鶴岡千代子詩集・加倉井和夫・武田淑子・絵	白いクジャク	★●
24	尾上尚子詩集・まど・みちお・絵	そらいろのビー玉	★☆ 児文協新人賞
25	水上紅詩集・深沢紅子・絵	私のすばる	☆
26	野呂昶詩集・福島一二三・絵	おとのかだん	★
27	こやま峰子詩集・武田淑子・絵	さんかくじょうぎ	☆
28	青戸かいち詩集・駒宮録郎・絵	ぞうの子だって	
29	まきたかし詩集・福田達夫・絵	いつか君の花咲くとき	★☆♡
30	薩摩忠詩集・駒宮録郎・絵	まっかな秋	★☆♡
31	新川和江詩集・福島一二三・絵	ヤァ！ヤナギの木	★☆○♡
32	井上靖詩集・駒宮録郎・絵	シリア沙漠の少年	★☆♡
33	古村徹三詩・絵	笑いの神さま	
34	江上波夫詩集・青空風太郎・絵	ミスター人類	○☆
35	秋原秀夫詩集・鈴木義治・絵	風の記憶	★◎
36	水村三千夫詩集・武田淑子・絵	鳩を飛ばす	
37	久冨純江詩集・渡辺安芸夫・絵	風車 クッキングポエム	
38	日野生三詩集・吉野晃希男・絵	雲のスフィンクス	★
39	佐藤雅子詩集・佐藤太清・広瀬きよみ・絵	五月の風	★
40	小黒恵子詩集・武田淑子・絵	モンキーパズル	★
41	木村信子詩集・山本典子・絵	でていった	
42	中野栄子詩集・吉田翠・絵	風のうた	☆
43	宮田滋子詩集・牧村慶子・絵	絵をかく夕日	★
44	大久保テイ子詩集・渡辺安芸夫・絵	はたけの詩	★☆
45	秋原秀夫詩集・赤星亮衛・絵	ちいさなともだち	♥

☆日本図書館協会選定（2015年度で終了）　●日本童謡賞　♧岡山県選定図書　◇岩手県選定図書
★全国学校図書館協議会選定（SLA）　♡日本子どもの本研究会選定　◆京都府選定図書
□少年詩賞　■茨城県すいせん図書　♥秋田県選定図書　⟐芸術選奨文部大臣賞
○厚生省中央児童福祉審議会すいせん図書　♣愛媛県教育会すいせん図書　◉赤い鳥文学賞　◈赤い靴賞

…ジュニアポエムシリーズ…

46 日友靖子詩集 藤城清治・安西明美・絵 猫曜日だから ◆☆
47 秋葉てる代詩集 武田淑子・絵 ハープムーンの夜に ♡
48 こやま峰子詩集 山本省三・絵 はじめのいーっぽ ★♡
49 黒柳啓子詩集 金子滋・絵 砂かけ狐 ♡
50 三枝ますみ詩集 武田淑子・絵 ピカソの絵 ☆♡●
51 夢虹二詩集 武田淑子・絵 とんぼの中にぼくがいる ♡○♥
52 はたちよしこ詩集 まど・みちお・絵 レモンの車輪 □✤
53 大岡信詩集 葉祥明・絵 朝の頌歌 ★☆♡♥◎
54 吉田瑞穂詩集 吉田翠・絵 オホーツク海の月 ★☆♡
55 さとう恭子詩集 村上保・絵 銀のしぶき ★☆♡
56 星乃ミミナ詩集 葉祥明・絵 星空の旅人 ★☆♡
57 葉祥明詩・絵 ありがとう そよ風 ★♡▲
58 青戸かいち詩集 初山滋・絵 双葉と風
59 小野ルミ詩集 和田誠・絵 ゆきふるるん ★☆●♡
60 なぐもはるき詩・絵 たったひとりの読者 ★♡✤

61 小関秀夫詩集 小倉玲子・絵 風《かざ》 栞《しおり》 ★♡♥
62 海沼松世詩集 守下さおり・絵 かげろうのなか ☆♡
63 山本龍生詩集 小倉玲子・絵 春行き一番列車 ♡
64 小泉周二詩集 深沢省三・絵 こもりうた ★☆♡
65 かわてせいぞう詩集 若山憲・絵 野原のなかで ♡★♥
66 えぐちまき詩集 赤星亮衛・絵 ぞうのかばん ♡◆♥
67 池田あきつ詩集 小倉玲子・絵 天気雨 ♡
68 藤井則行詩集 君島美知子・絵 友へ ♡♤
69 藤哲生詩集 武田淑子・絵 秋いっぱい ★♠
70 日友靖子詩集 深沢紅子・絵 花天使を見ましたか ★
71 吉田瑞穂詩集 吉田翠・絵 はるおのかきの木 ★
72 小島禄琅詩集 中村陽子・絵 海を越えた蝶 ☆★♥♡
73 にしおまさこ詩集 杉田幸子・絵 あひるの子 ★
74 山下竹二詩集 徳田徳志芸・絵 レモンの木 ★
75 高崎乃理子詩集 奥山英俊・絵 おかあさんの庭 ★♡

76 檜きみこ詩集 広瀬弦・絵 しっぽいっぽん ★●□☆♡
77 たかはしけいこ詩集 高田三郎・絵 おかあさんのにおい ♡♣□
78 星乃ミミナ詩集 深澤邦朗・絵 花かんむり ♥☆♡
79 佐藤照雄詩集 津波信久・絵 沖縄 風と少年 ☆♡★
80 相馬梅子詩集 やなせたかし・絵 真珠のように ♥★
81 小島禄琅詩集 深沢紅子・絵 地球がすきだ ★
82 鈴木美智子詩集 黒澤梧郎・絵 龍のとぶ村 ◇★♥
83 いがらしれいこ詩集 高田三郎・絵 小さなてのひら ☆
84 宮入黎子詩集 小倉玲子・絵 春のトランペット ☆★
85 下田喜久美詩集 方振寧・絵 ルビーの空気をすいました ☆
86 野呂昶詩集 方振寧・絵 銀の矢ふれふれ ★
87 ちよはらまちこ詩集 ちよはらまちこ・絵 パリパリサラダ ★
88 秋原秀夫詩集 徳田徳志芸・絵 地球のうた ☆★
89 中島あやこ詩集 井上緑・絵 もうひとつの部屋 ★
90 藤川こうのすけ詩集 葉祥明・絵 こころインデックス ☆

✿サトウハチロー賞　✣毎日童謡賞　♠奈良県教育研究会すいせん図書
☼三木露風賞　✧北海道選定図書　✾三越左千夫少年詩賞
♤福井県すいせん図書　⯁静岡県すいせん図書
▲神奈川県児童福祉審議会推薦優良図書　◎学校図書館図書整備協会選定図書（SLBA）

…ジュニアポエムシリーズ…

91 新井和詩集・高田三郎絵　おばあちゃんの手紙 ☆★
92 はなわたえこ詩集・えばとかつこ絵　みずたまりのへんじ ★●
93 柏木恵美子詩集・武田淑子絵　花のなかの先生 ☆
94 中原千津子詩集・寺内直美絵　鳩への手紙 ★
95 髙瀬美代子詩集・小倉玲子絵　仲なおり ★
96 杉本深由起詩集・若山憲絵　トマトのきぶん ☆★◎ 児文芸新人賞
97 宍倉さとし詩集・守下さおり絵　海は青いとはかぎらない ♧
98 石井英行詩集・有賀忍絵　おじいちゃんの友だち ■
99 なかのひろ詩集・アサト・シェラ絵　とうさんのラブレター ☆★
100 小松静江詩集・藤川秀之絵　古自転車のバットマン
101 石原一輝詩集・加藤真夢絵　空になりたい ☆✧★
102 小泉周二詩集・西真里子絵　誕生日の朝 ☆■★
103 くすのきしげのり童謡・わたなべあきお絵　いちにのさんかんび ☆★
104 成本和子詩集・小倉玲子絵　生まれておいで ☆★✧♡♧
105 伊藤政弘詩集・小倉玲子絵　心のかたちをした化石 ★
106 川崎洋子詩集・井戸妙子絵　ハンカチの木 □★☆
107 柘植愛子詩集・油野誠一絵　はずかしがりやのコジュケイ ✧
108 新谷智恵子詩集・葉祥明絵　風をください ☆◇○●♡✣
109 金親尚子詩集・牧進絵　あたたかな大地 ☆
110 黒柳啓子詩集・吉田翠絵　父ちゃんの足音 ☆★♡□
111 富田栄子詩集・油野誠一絵　にんじん笛 ♡☆
112 原国子詩集・高畠純絵　ゆうべのうちに ☆
113 宇部京子詩集・スズキコージ絵　よいお天気の日に ○□●☆◇★
114 武鹿悦子詩集・牧野鈴子絵　お花見 ☆□
115 山本なおこ詩集・梅田俊作絵　さりさりと雪の降る日 ☆★
116 小林比呂古詩集・おおた慶文絵　ねこのみち ☆
117 後藤れい子詩集・渡辺あきお絵　どろんこアイスクリーム ☆
118 重清良吉詩集・高田三郎絵　草の上 ☆□✿◆★
119 宮中雲子詩集・西真里子絵　どんな音がするでしょか ✼★
120 前山敬子詩集・若山憲絵　のんびりくらげ ☆★
121 川端律子詩集・若山憲絵　地球の星の上で ♡
122 たかはしけいこ詩集・織茂恭子絵　とうちゃん ♡✿♣★
123 宮田滋子詩集・深澤邦朗絵　星の家族 ☆●
124 国沢たまき詩集・唐沢静絵　新しい空がある
125 池田あきつ詩集・小倉玲子絵　かえるの国 ★
126 黒田恵子詩集・倉島千賀子絵　ボクのすきなおばあちゃん ☆★♡
127 垣内磯子詩集・宮崎照代絵　よなかのしまうまバス ☆♡★
128 小泉周二詩集・佐藤平八絵　太陽へ ✿★●☆♡
129 中島和子詩集・秋里信子絵　青い地球としゃぼんだま ☆★
130 のろさかん詩集・福島一二三絵　天のたて琴 ☆
131 加藤丈夫詩集・葉祥明絵　ただ今受信中 ☆★
132 北原悠子詩集・深沢紅子絵　あなたがいるから ♡
133 池田もと子詩集・小倉玲子絵　おんぷになって ♡
134 鈴木初江詩集・吉田翠絵　はねだしの百合 ★
135 垣内磯子詩集・今井俊絵　かなしいときには ★

△長野県教育委員会すいせん図書　✡㈶日本動物愛護協会推薦図書
▣茨城県推奨図書

…ジュニアポエムシリーズ…

136 秋葉てる代詩集 やなせたかし・絵 おかしのすきな魔法使い ●★
137 青戸かいち詩集 永田萠・絵 小さなさようなら ❀★
138 柏木恵美子詩集 高田三郎・絵 雨のシロホン ♡★
139 藤井則行詩集 阿見みどり・絵 春だから ♡★◎
140 黒田勲子詩集 山中冬児・絵 いのちのみちを
141 南郷芳明詩集 的場豊子・絵 花時計
142 やなせたかし 詩・絵 生きているってふしぎだな
143 内田麟太郎詩集 斎藤隆夫・絵 うみがわらっている
144 しまざきふみ詩集 島崎奈緒・絵 こねこのゆめ ♡
145 糸永えつこ詩集 武井武雄・絵 ふしぎの部屋から ♡
146 石坂きみこ詩集 鈴木英二・絵 風の中へ ♡
147 坂本のこ詩集 坂本こう・絵 ぼくの居場所 ♡
148 島村木綿子 詩・絵 森のたまご ❀
149 楠木しげお詩集 わたせせいぞう・絵 まみちゃんのネコ ★
150 牛尾良子詩集 上矢津・絵 おかあさんの気持ち ♡

151 三越左千夫詩集 阿見みどり・絵 せかいでいちばん大きなかがみ ★
152 水村三千夫詩集 高見八重子・絵 月と子ねずみ
153 川越文子詩集 横松桃子・絵 ぼくの一歩ふしぎだね ★
154 すずきゆかり詩集 葉祥明・絵 まっすぐ空へ
155 西田純詩集 葉祥明・絵 木の声水の声
156 清野倭文子詩集 水科舞・絵 ちいさな秘《ひ》密《みつ》
157 川奈静詩集 直江みちる・絵 浜ひるがおはパラボラアンテナ ★◎
158 若木良水詩集 西真里子・絵 光と風の中で
159 牧陽子詩集 渡辺あきお・絵 ねこの詩 ★◎
160 宮田滋子詩集 阿見みどり・絵 愛一輪 ★◎
161 井上灯美子詩集 唐沢静・絵 ことばのくさり ☆●
162 滝波万理子詩集 滝波裕子・絵 みんな王《おう》様《さま》 ★●
163 冨岡みち詩集 関口コオ・絵 かぞえられへんせんぞさん ★
164 垣内磯子詩集 辻恵子・切り絵 緑色のライオン ★◎
165 すぎもとれいこ詩集 平井辰夫・絵 ちょっといいことあったとき ★

166 岡田喜代子詩集 おぐらひろかず・絵 千年の音 ★☆◎
167 川奈静詩集 直江みちる・絵 ひもの屋さんの空 ★◎☆♥♡
168 鶴岡千代子詩集 武田淑子・絵 白い花火 ★☆
169 井上灯美子詩集 唐沢静・絵 ちいさい空をノックノック ★◎☆
170 尾崎杏子詩集 ひなた山すじゅう郎・絵 海辺のほいくえん ☆♡★◎
171 柘植愛子詩集 やなせたかし・絵 たんぽぽ線路 ☆♡★◎●
172 小林比呂古詩集 うめざわのりお・絵 横須賀スケッチ ☆★◎♡▲
173 林佐知子詩集 串田敦子・絵 きょうという日 ☆★◎♡▲
174 後藤基宗子詩集 岡澤由紀子・絵 風とあくしゅ ☆♥★◎♡
175 土屋律子詩集 高瀬のぶえ・絵 るすばんカレー ☆♡★◎▲
176 三輪アイ子詩集 深沢邦朗・絵 かたぐるましてよ ★☆♡
177 田辺瑞美子詩集 西真里子・絵 地球賛歌 ☆★◎
178 高瀬美代子詩集 小倉玲子・絵 オカリナを吹く少女 ☆♡
179 中野惠子詩集 串田敦子・絵 コロポックルでておいで ★♡☆●
180 松井節子詩集 阿見みどり・絵 風が遊びにきている ★☆♡▲

…ジュニアポエムシリーズ…

181 新谷智恵子詩集 徳田徳志芸・絵 とびたいペンギン 佐世保文学賞 ♡★◎▲
182 牛尾良子詩集 牛尾征治・写真 庭のおしゃべり ♡★◎
183 三枝ますみ詩集 高見八重子・絵 サバンナの子守歌 ☆★
184 佐藤雅子詩集 佐藤太清 菊池治子・絵 空の牧場《まきば》 ☆★♡■◎◈
185 山内弘子詩集 おぐらひろかず・絵 思い出のポケット ♡★●
186 山内弘子詩集 阿見みどり・絵 花の旅人 ♡★▲
187 原国子詩集 牧野鈴子・絵 小鳥のしらせ ♡★△◎
188 人見敬子 詩・絵 方《はこ》舟《ぶね》地球号 —いのちは元気— ♡★◎
189 林佐知子詩集 串田敦子・絵 天にまっすぐ ★☆♡◎
190 小臣富子詩集 渡辺あきお・絵 わんさかわんさかどうぶつさん ✡♡★◎
191 川越文子詩集 かまだちえみ・写真 もうすぐだからね ♡★◎
192 永田喜久男詩集 武田淑子・絵 はんぶんごっこ ☆★◎♡
193 吉田房子詩集 大和田明代・絵 大地はすごい ★◎♡
194 石井春香詩集 髙見八重子・絵 人魚の祈り ★♡
195 石原一輝詩集 小倉玲子・絵 雲のひるね ♡

196 たかはしけいご詩集 髙橋敏彦・絵 そのあと ひとは ★
197 宮田滋子詩集 おおた慶文・絵 風がふく日のお星さま ★♡◎
198 渡辺恵美子詩集 つるみゆき・絵 空をひとりじめ ★♡●
199 宮中雲子詩集 西真里子・絵 手と手のうた ★
200 杉本深由起詩集 太田大八・絵 漢字のかんじ ★♡
201 井上灯美子詩集 唐沢静・絵 心の窓が目だったら ★♡
202 峰松晶子詩集 おおた慶文・絵 きばなコスモスの道 ★♡
203 高橋文子詩集 山中桃子・絵 八丈太鼓 ★♡
204 長野貴子詩集 武田淑子・絵 星座の散歩 ★♡
205 江口正子詩集 髙見八重子・絵 水の勇気 ♡☆★
206 藤本美智子 詩・絵 緑のふんすい ☆♡★
207 林佐知子詩集 串田敦子・絵 春はどどど ♡★◎
208 小関秀夫詩集 阿見みどり・絵 風のほとり ☆♡★
209 宗美津子詩集 宗信寛・絵 きたのもりのシマフクロウ ♡★
210 かわてせいぞう詩集 髙橋敏彦・絵 流れのある風景 ☆♡★

211 土屋律子詩集 高瀬のぶえ・絵 ただいまぁ ★♡☆◎
212 永田喜久男詩集 武田淑子・絵 かえっておいで ☆♡★
213 みたみちこ詩集 牧進・絵 いのちの色 ♡★
214 糸永えつこ詩集 糸永わかこ・絵 母です 息子です おかまいなく ♡☆★
215 宮田滋子詩集 武田淑子・絵 さくらが走る ♡☆★●
216 柏木恵美子詩集 吉野晃希男・絵 ひとりぼっちの子クジラ ♡★◎
217 江口正子詩集 髙見八重子・絵 小さな勇気 ♡☆★
218 井上灯美子詩集 唐沢静・絵 いろのエンゼル ★♡
219 中島あやこ詩集 日向山寿十郎・絵 駅伝競走 ★☆♡
220 高橋孝治詩集 髙見八重子・絵 空の道 心の道 ★♡
221 江口正子詩集 日向山寿十郎・絵 勇気の子 ♡☆★
222 宮田滋子詩集 牧野鈴子・絵 白鳥よ ☆★
223 井上良子詩集 銅版画 太陽の指環 ★
224 川越文子詩集 山中桃子・絵 魔法のことば ♡☆★
225 西本みさこ詩集 上司かのん・絵 いつもいっしょ ☆♡

ジュニアポエムシリーズは、子どもにもわかる言葉で真実の世界をうたう個人詩集のシリーズです。

本シリーズからは、毎回多くの作品が教科書等の掲載詩に選ばれており、1974年以来、全国の小・中学校の図書館や公共図書館等で、長く、広く、読み継がれています。

心を育むポエムの世界。

一人でも多くの子どもや大人に豊かなポエムの世界が届くよう、ジュニアポエムシリーズはこれからも小さな灯をともし続けて参ります。

226 おばらいちこ詩集 髙見八重子・絵 ぞうのジャンボ ☆★♡
227 吉田房子詩集 本田あまね・絵 まわしてみたい石臼 ★♡
228 吉田房子詩集 阿見みどり・絵 花 詩 集 ★♡◎
229 田中たみ子詩集 唐沢静・絵 へこたれんよ ★◎
230 林佐知子詩集 串田敦子・絵 この空につながる ★♡
231 藤本美智子 詩・絵 心のふうせん ★♡
232 火星雅範詩集 西川律子・絵 ささぶねうかべたよ ★♡▲
233 吉田房子詩集 岸田歌子・絵 ゆりかごのうた ★♡
234 むらかみみちこ詩集 むらかみみちこ むらかみあくる・絵 風のゆうびんやさん ★♡
235 白谷玲花詩集 阿見みどり・絵 柳川白秋めぐりの詩 ★♡
236 ほさかとしこ詩集 内山つとむ・絵 神さまと小鳥 ★☆♡
237 内田麟太郎詩集 長野ヒデ子・絵 まぜごはん ☆★◎♡▲
238 小林比呂古詩集 出口雄大・絵 きりりと一直線 ♡★
239 牛尾良子詩集 おぐらひろかず・絵 うしの土鈴とうさぎの土鈴 ★◎♡
240 山本純子詩集 ルイコ・絵 ふ ふ ふ ★♡☆◎

241 神田亮 詩・絵 天使の翼 ★☆♡
242 かんざわみえ詩集 阿見みどり・絵 子供の心大人の心さ迷いながら ☆★◎▲
243 永田喜久男詩集 内山つとむ・絵 つながっていく ★☆♡
244 浜野木碧 詩・絵 海原散歩 ☆★◎♡
245 やまうち・しゅうへい詩集 山本省三・絵 風のおくりもの ☆★◎♡
246 すぎもとれいこ 詩・絵 てんきになあれ ★◎
247 冨岡みち詩集 加藤真夢・絵 地球は家族 ひとつだよ ♡☆◎★
248 北野千賀詩集 滝波裕子・絵 花束のように ♡☆★◎
249 石原一輝詩集 加藤真夢・絵 ぼくらのうた ♡★◎
250 土屋律子詩集 高瀬のぶえ・絵 まほうのくつ ♡☆★◎
251 津坂治男詩集 井上良子・絵 白い太陽 ☆♡★◎
252 石井英行詩集 よしだちなつ・表紙絵 野原くん ☆★♡◎
253 井上灯美子詩集 唐沢静・絵 たからもの ☆♡★
254 大竹典子詩集 加藤真夢・絵 おたんじょう ☆★
255 たかはしけいこ詩集 織茂恭子・絵 流 れ 星 ★♡

256 谷川俊太郎詩集 下田昌克・絵 そ し て ♡★◎
257 なんば・みちこ詩集 布下満・絵 トックントックン 大空で大地で ★◎
258 宮本美智子詩集 阿見みどり・絵 夢の中に そっと ★◎♡
259 成本和子詩集 阿見みどり・絵 天使の梯子 ★◎
260 海野文音詩集 牧野鈴子・絵 ナンドデモ ★
261 熊谷本郷詩集 永田萠・絵 かあさん かあさん ★
262 大楠翠詩集 吉野晃希男・絵 おにいちゃんの紙飛行機 ★
263 久保恵子詩集 たかせちなつ・絵 わたしの心は 風に舞う ★
264 みずかみさやか詩集 葉祥明・絵 五月の空のように ★
265 尾崎昭代詩集 中辻アヤ子・絵 たんぽぽの日
266 はやしゆみ詩集 渡辺あきお・絵 わたしはきっと小鳥

＊刊行の順番はシリーズ番号と異なる場合があります。

銀の小箱シリーズ

- 葉 祥明 詩・絵　小さな庭
- 若山 憲 詩・絵　白い煙突
- こばやしひろこ・詩 うめざわのりお・絵　みんななかよし
- 江口 正子・詩 油野 誠一・絵　みてみたい
- やなせたかし 詩・絵　あこがれよなかよくしよう
- 冨岡 みち・詩 関口 コオ・絵　ないしょやで
- 小林比呂古・詩 神谷 健雄・絵　花かたみ
- 小泉 周二・詩 辻 友紀子・絵　誕生日・おめでとう
- 柏原 耿子・詩 阿見みどり・絵　アハハ・ウフフ・オホホ★♡▲
- こばやしひろこ・詩 うめざわのりお・絵　ジャムパンみたいなお月さま★

すずのねえほん

- たかはしけいこ・詩 中釜浩一郎・絵　わたし★◎
- 尾上 尚子・詩 小倉 玲子・絵　ぽわぽわん
- 糸永えつこ・詩 高見八重子・絵　はる なつ あき ふゆ もうひとつ★ 児文芸新人賞
- 山口 敦子・詩 高橋 宏幸・絵　ばあばとあそぼう
- あらい・まさはる・童謡 しのはらはれみ・絵　けさいちばんのおはようさん
- 佐藤 雅子・詩 佐藤 太清・絵　こもりうたのように● 日本童謡賞　美しい日本の12ヵ月
- 柏木 隆雄・詩 やなせたかし他・絵　かんさつ日記★♡

アンソロジー

- 渡辺 浦人・編 村上 保・絵　赤い鳥 青い鳥●
- わたげの会・編 渡辺あきお・絵　花ひらく★
- 木曜会・編 西 真里子・絵　いまも星はでている★
- 木曜会・編 西 真里子・絵　いったりきたり♡
- 木曜会・編 西 真里子・絵　宇宙からのメッセージ
- 木曜会・編 西 真里子・絵　地球のキャッチボール★◎
- 木曜会・編 西 真里子・絵　おにぎりとんがった☆★◎
- 木曜会・編 西 真里子・絵　みぃーつけた♡★◎
- 木曜会・編 西 真里子・絵　ドキドキがとまらない
- 木曜会・編 西 真里子・絵　神さまのお通り★
- 木曜会・編 西 真里子・絵　公園の日だまりで★♡
- 木曜会・編 西 真里子・絵　ねこがのびをする♡★